Mit Bonni
im Wald

D1718992

A. WEICHERT VERLAG

Bonni und die Waldmaus

„Au"!

Bonni bleibt erschrocken stehen.
Da hört er es noch einmal: „Au! Au!
Du stehst auf meinem Schwanz!"
Bonni blickt sich um und sieht neben
seinem Fuß eine kleine Waldmaus stehen.
Erschrocken zieht er seinen Fuß zurück.
„Tut mir leid", sagt er, „ich hab'dich nicht
gesehen. Du bist aber auch so klein."
„Und du paßt nicht auf, wo du hinläufst",
beschwert sich die Waldmaus, dreht
sich um und rennt zu ihrem Loch.
„He, Mäuschen, lauf nicht
weg. Ich möchte nicht, daß
du böse mit mir bist. Wie
kann ich es wieder gut-
machen?"

Die Waldmaus überlegt ein Weilchen.
Sie hat ein bißchen Angst vor dem Elefanten. Aber Bonni schaut so freundlich
drein, und das ist beruhigend.
„Ich bin auf der Suche nach einer
Attraktion für unser Fest", sagt die
Waldmaus. „Willst du vielleicht unsere
Attraktion sein?"
„Was ist eine Attraktion?" fragt Bonni.
„Eine Attraktion ist etwas ganz
Besonderes, etwas, das man nicht alle
Tage sieht."
„Oh, dann will ich gern eure Attraktion
sein. Sag mir nur, was ich tun muß",
sagt Bonni munter.
„Dürfen die Mäusekinder auf
deinem Rücken reiten?"

„Aber gewiß", antwortet Bonni, „das wird sicher lustig."
Zu Beginn des Festtages kommt die ganze Waldmausfamilie, um sich Bonni anzusehen. Die kleinen und großen Mäuse reiten auf seinem Rücken. Die jüngsten veranstalten eine Rutschpartie über seinen Rüssel hinunter. Bonni ist an diesem Tag der glücklichste Elefant der Welt.

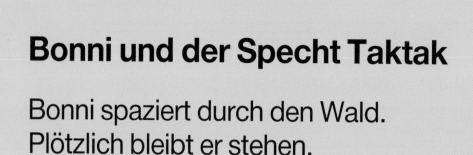

Bonni und der Specht Taktak

Bonni spaziert durch den Wald.
Plötzlich bleibt er stehen.
Taktaktaktaktak . . .
Dann ist es wieder still. Gerade als Bonni
weitergehen will, tönt es noch mal:
Taktaktak. Bonni hat dieses Geräusch
noch nie gehört. Er weiß nicht, was das
ist und woher es kommt.

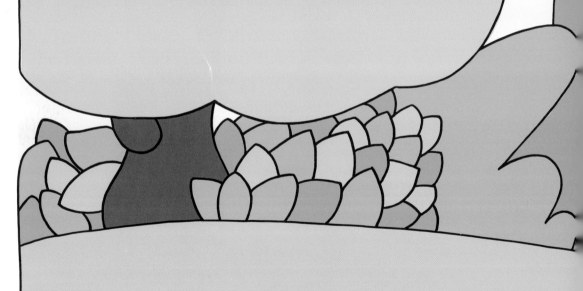

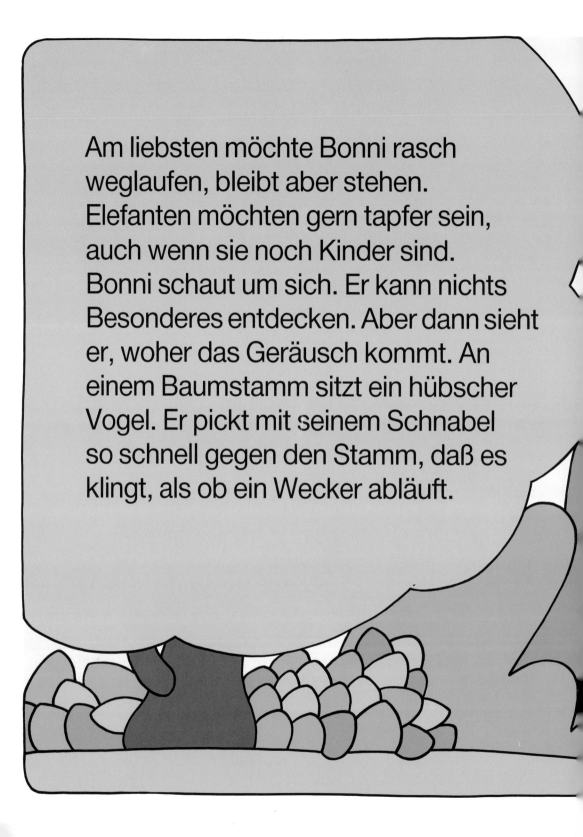

Am liebsten möchte Bonni rasch weglaufen, bleibt aber stehen. Elefanten möchten gern tapfer sein, auch wenn sie noch Kinder sind. Bonni schaut um sich. Er kann nichts Besonderes entdecken. Aber dann sieht er, woher das Geräusch kommt. An einem Baumstamm sitzt ein hübscher Vogel. Er pickt mit seinem Schnabel so schnell gegen den Stamm, daß es klingt, als ob ein Wecker abläuft.

„Ich bin Bonni. Wer bist du?"
„Ich bin Taktak, der Specht."
„Du hast mich erschreckt. Was tust du da eigentlich?" fragt Bonni.
„Ich suche Futter in der Rinde des Baumes. Darum hacke ich kleine Löcher in den Baumstamm", antwortet Taktak.
„Das werde ich auch mal probieren", sagt der Elefant. Er stößt mit seinem Rüssel gegen den Baumstamm.
„Au, das tut ja weh!" ruft er erschrocken.

„Natürlich", sagt der Specht und lacht, „dein Rüssel ist doch viel zu weich für diese Arbeit. Dazu braucht man einen harten, scharfen Schnabel. Dein Rüssel ist dazu da, Blätter von den Bäumen zu pflücken."

Taktak streicht mit seinem Köpfchen zart über Bonnis Rüssel und fliegt weg. Bonni reibt sich seinen schmerzenden Rüssel. Dann pflückt er vorsichtig ein Blatt vom Baum. Ja, das schmeckt!

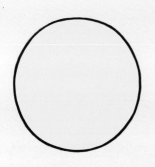

Bonni begegnet König Hirsch

Heute ist ein schöner Frühlingstag. Noch ein paar Wochen, und es wird Sommer. Die Bäume und Sträucher tragen schon frische, grüne Blätter. Bonni macht eine Wanderung durch den Wald. Ab und zu bleibt er stehen, um sich Blätter von einem Baum zu pflücken. Hm, wie lecker! – Plötzlich wundert er sich. Gibt es Zweige ohne Blätter? Der Strauch ist sicher krank, denkt Bonni.

Aber – was ist denn das? Die Zweige scheinen schnell zu wachsen. Das gibt's doch nicht! Bonni tritt näher heran und – fällt vor Schreck hintenüber.

Unter den Zweigen erscheint ein großer Kopf. So was hat Bonni noch nie gesehen – ein Kopf mit Zweigen!

„Hallo, erschrick nicht gleich", sagt der Kopf, „ich bin doch der König des Waldes, der Hirsch. Und du bist Bonni?"

„Ja", antwortet Bonni vor Schreck mit schwacher Stimme, „angenehm, Ihre Bekanntschaft zu machen, Herr König!"

„Ach, du brauchst nicht so verlegen zu sein, Bonni, du kennst mich doch", sagt König Hirsch freundlich.

„Ich hab'wohl schon von Ihnen gehört", sagt Bonni, „aber niemand hat mir erzählt, daß Zweige auf Ihrem Kopf wachsen."

„Das sind keine Zweige, sondern Stangen. Und diese Stangen bilden mein Geweih. Daran kannst du sehen, wie stark ich bin. Jedes Jahr kommt eine neue Stange hinzu. So kannst du an meinem Geweih genau erkennen, wie alt ich bin."

„Komisch", sagt Bonni, „laß mich mal
zählen: eins – zwei – drei – vier – fünf.
Sie sind fünf Jahre alt. Ich bin erst
ein Jahr alt".
„Aber du bist schon sehr tapfer.
Das haben mir deine Freunde erzählt.
Ich glaube, wir beide werden gut
miteinander auskommen, Bonni".
„Das glaub' ich auch, Herr König",
sagt Bonni stolz.

Bonni und der Fuchs

Bonni ist unterwegs durch den Wald.
Von der langen Wanderung ist er müde
geworden. Nun liegt er unter einem
Baum und ruht sich aus. Plötzlich
bemerkt er eine Bewegung zwischen
den Sträuchern. Bonni ist ein neugieriger
Elefant. Er steht auf, um nachzusehen.
Unter dem Gebüsch sieht er Schlau,
den Fuchs, herumschnüffeln.
„Hast du was verloren, Schlau?" fragt
Bonni.

„Ja", antwortet Schlau, „meine beiden Fuchskinder. Ich bin besorgt. Eben spielten sie noch hier, und nun sehe ich sie nicht mehr."

„Mach dir keine Sorgen. Ich werde dir suchen helfen", tröstet Bonni, „wenn wir zusammen suchen, werden wir sie schon finden."

Nach einiger Zeit hört Bonni ein leises Jaulen. Er bleibt ganz still stehen. Wo kam das her?

Da bemerkt er eine Grube, die mit Zweigen bedeckt ist. Vorsichtig tritt er näher. Ja, tatsächlich, das Jaulen kommt aus der Grube.

Nach und nach beseitigt er die Zweige. Da sieht er die beiden Fuchskinder, die in die Grube gefallen sind. Sie sind ganz schmutzig und bibbern von dem Schreck. Mit seinem langen Rüssel holt Bonni die kleinen Füchse aus dem Loch. So schnell sie können, laufen sie zu ihrem Fuchsbau.

Als Mutter Fuchs ihre beiden Kinder sieht, ist sie überglücklich. Aber sie ist auch ein bißchen böse.

„Ich hab' mir solche Sorgen um euch gemacht. Ihr dürft nie wieder weglaufen. Versprecht ihr mir das?"

„Ja, wir versprechen es dir", sagen die beiden.

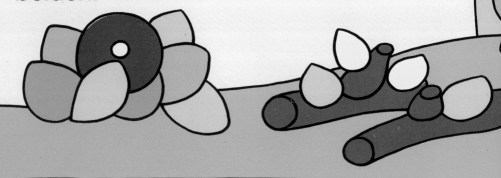

Sie geben ihrer Mutter einen dicken Kuß.
Natürlich bekommt auch Bonni einen Kuß, und das macht ihn ganz verlegen.
„Vielen Dank, lieber Bonni!"